마그마란 마음자리 그림 마당의 약자로 마음의 응어리를 그림으로 용암같이 녹여내는 심리 치유의 공간이며 세상 만다라 펼침의 공간이다.

| 김영옥과 함께 하는 프로그램/수강정보

· M정신분석 실제 매달 워크샵 년간 진행
· 꿈분석가 배출
· 국민학습지 특강
· 경영지도자과정 : 지사 카페목적
· 마그마힐링&M분석 졸업전시회
· 마그마숲 책쓰기 프로젝트
· 지도자 역량강화 프로그램
· 마그마힐링 & 만다라 워크북 체험
· 전국민 나산다산다 워크숍
· 마그마힐링 지도자자격 과정: 1급~3급/전국지사
· M분석가 과정: 1단계~3단계
· M통찰분석가 과정 1단계~3단계
· 꿈디자인학교: 청년/1학기~4학기
· 국민학습지 전국지사 연계: 서울,경기,충남,대구,울산,포항,영덕 등

| (주)김영옥심리체험박물관

| 전시회 | 워크샵 | 강의 | 개인분석 | 지도자 배출 | 견학 | 연수

움직이는 안정

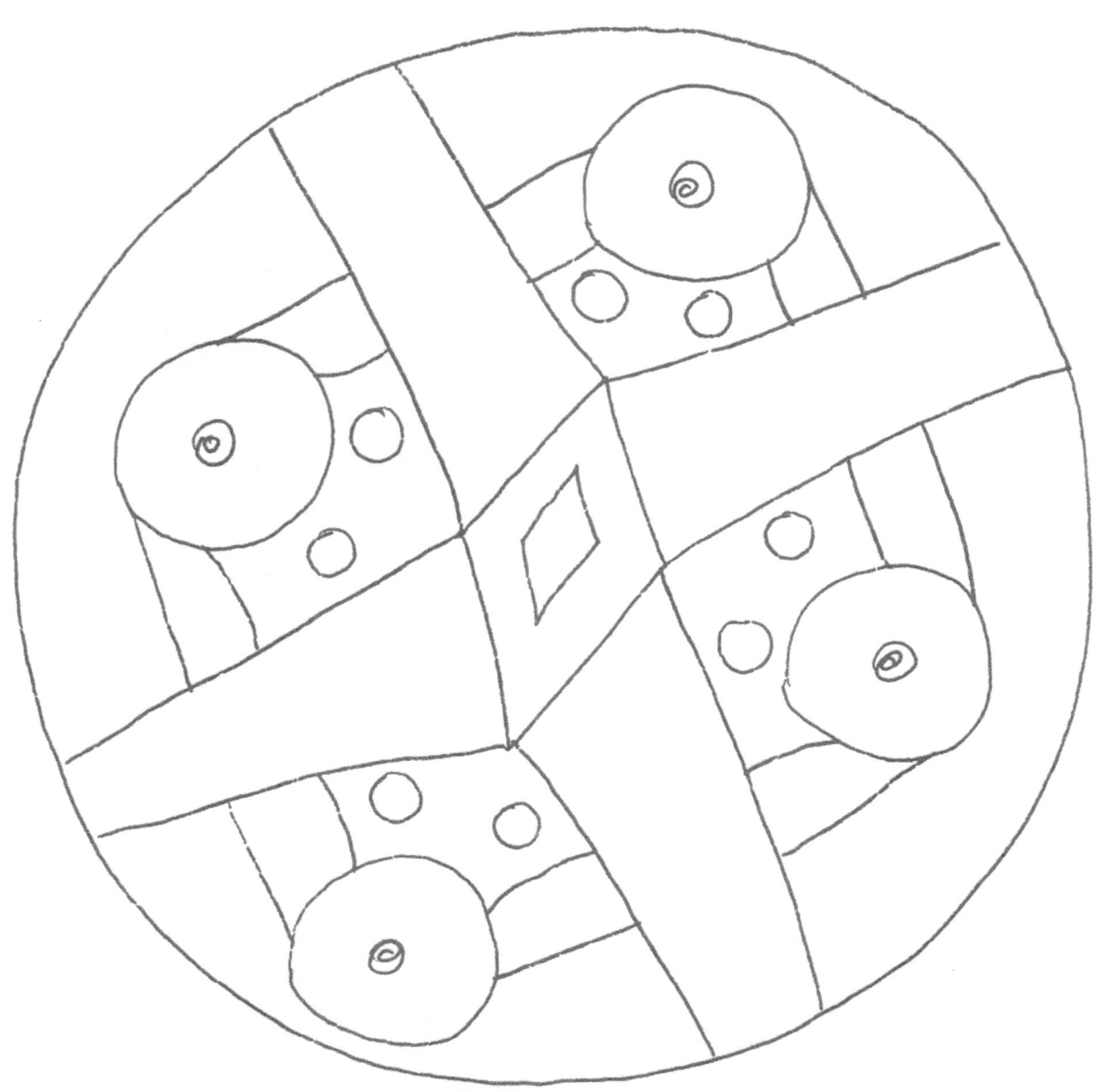

김영옥과 함께 여는 원형 만다라

<나의 안정과 조화로운 몽이세상>
움직이는 안정

마그마숲

김영옥과 함께 여는 원형 만다라
나의 안정과 조화로운 몽이세상_움직이는 안정

| 나의 안정과 조화로운 몽이세상
- 움직이는 중심
- 움직이는 조화
- 움직이는 안정
- 움직이는 균형
- 움직이는 행복

| 활용 방법
- 문구따라 마음따라 선택
- 모든 색칠 도구 가능
- 바탕을 한가지 색에서~여러가지 색으로 확장
- 마음 가는대로 색칠
- 그냥 보기만해도 좋은 효과
- 여백, 공간 모두 색칠
- 먹물로 틀하고 마카로 점찍어 마무리

| 나의 안정과 조화로운 몽이세상이란?

의미 찾기와 활동

내 마음 창조하듯 아름다운 심리 활동
마그마힐링

원형과
기하학으로 창조되는 나만의 세계

모든 심리를 깔고
원형으로 자리 잡아
안정을 찾아가는 길

| 김영옥 원장

- 화가 13회 개인전
- (주)김영옥심리체험박물관 대표
- 사)만다라미술심리연구원 이사장
- 마그마숲 대표
- M심리지원단 대표
- 마그마힐링 심리 프로그램 개발
- 만다라분석심리 이론정립
- 만다라꿈분석 이론 정립
- M분석심리 이론 정립
- M통찰분석 이론 정립

움직이는 안정 첫날

원형의 꿈 안정

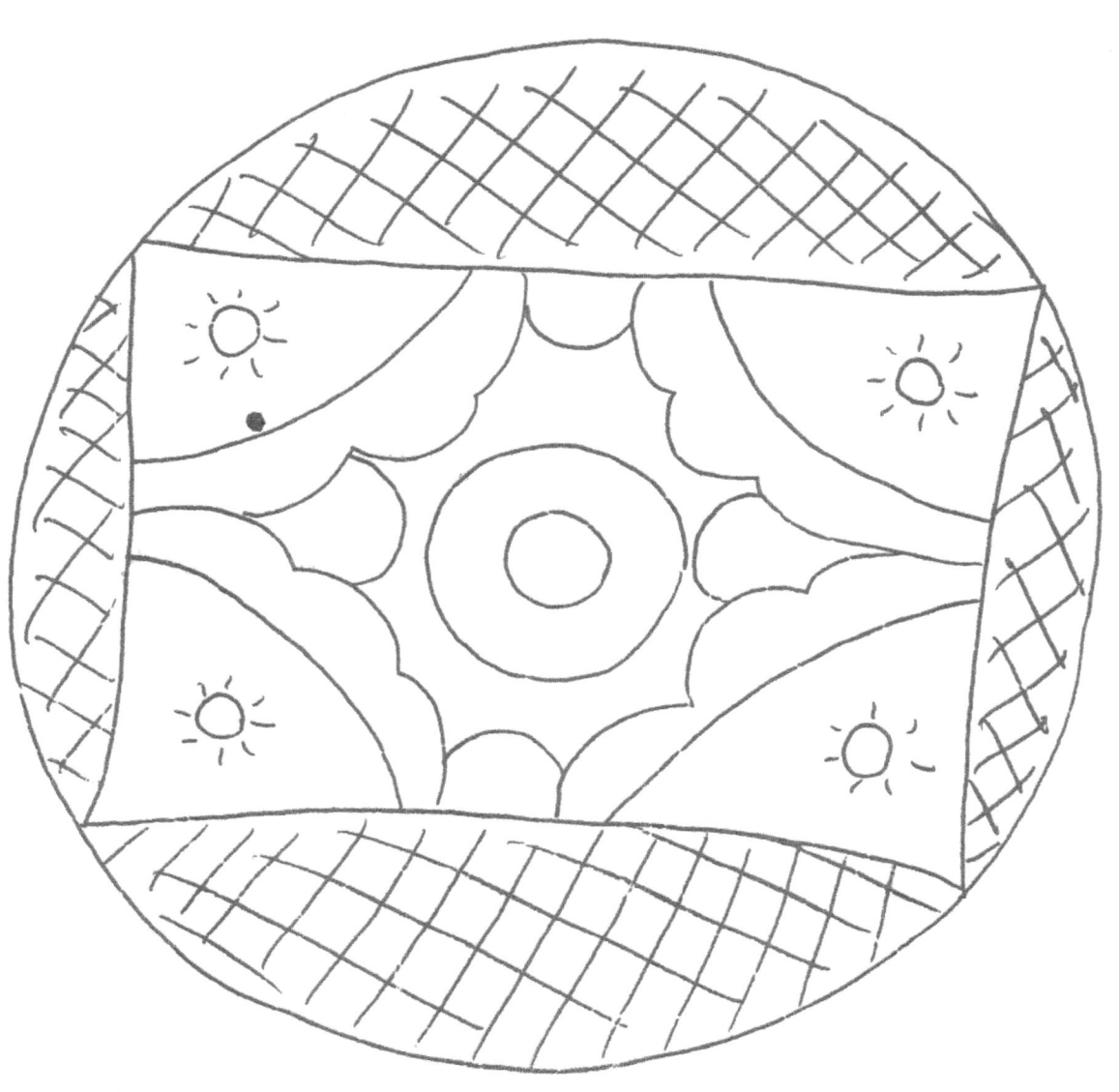

움직이는 안정 둘째날

안정된 안과 밖

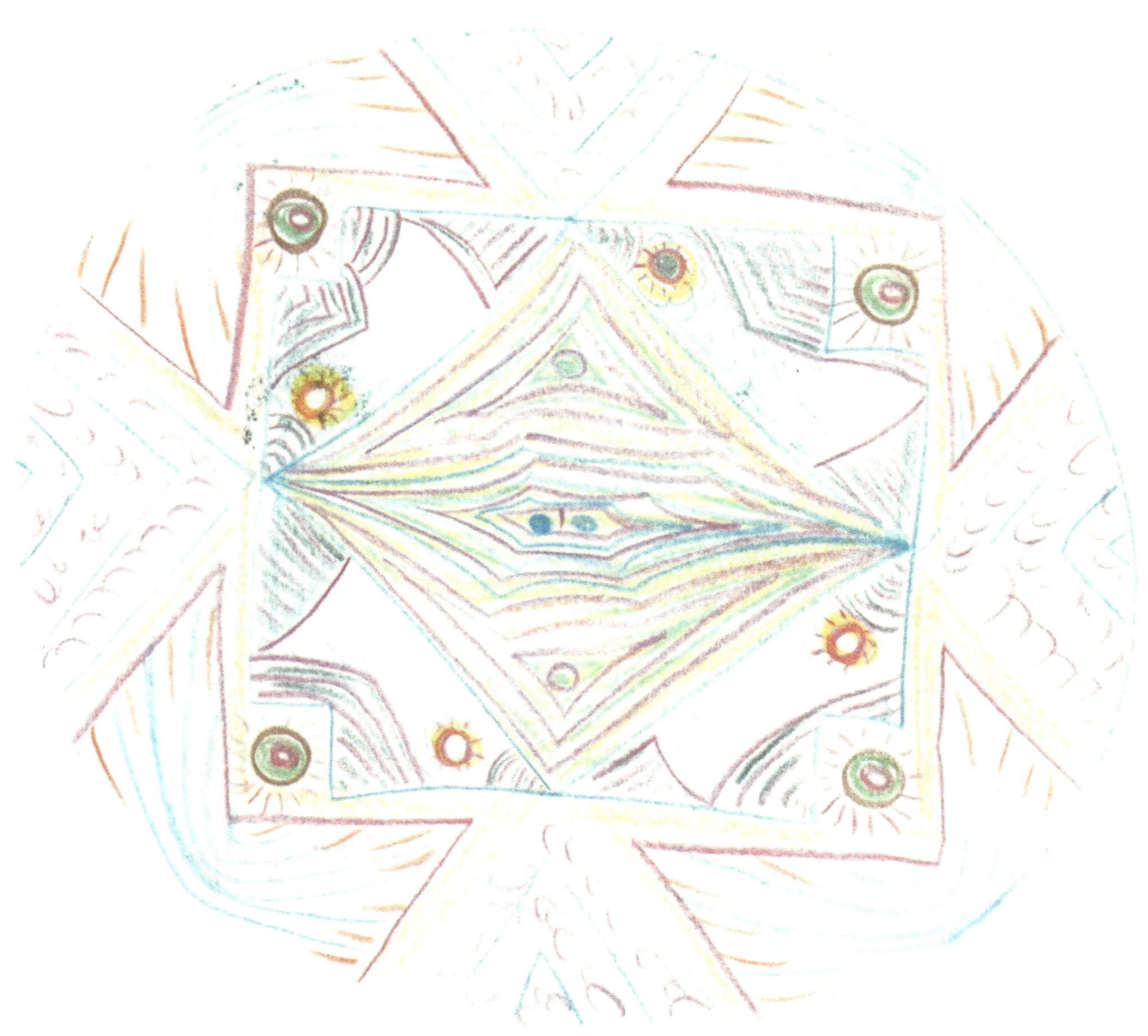

움직이는 안정 셋째날

내 안에 안정

움직이는 안정 넷째날

사랑스런 안정

움직이는 안정 다섯째날

안정된 색칠

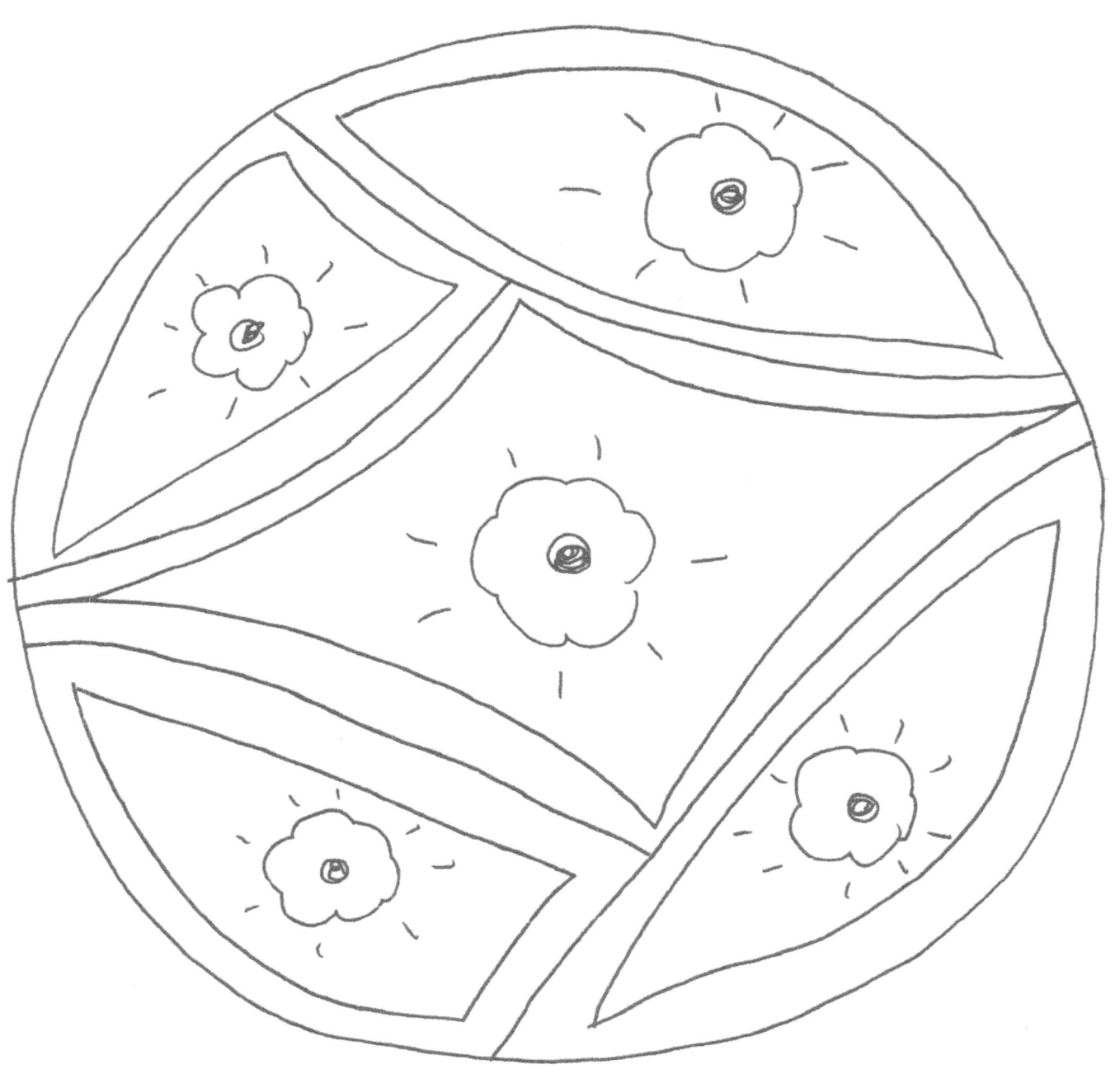

움직이는 안정 여섯째날

안정된 생각들

움직이는 안정 일곱째날

안정된 창조

움직이는 안정 여덟째날

힘있게

음직이는 안정 아홉째날

신간 워크북

| 부정세포 실제탐색 전 5권　　| 가을신화 전 10권　　| 인생 잘사는 길 전 5권　　| 치매예방 전 5권　　| 맛을 뺀 정신 전 5권

    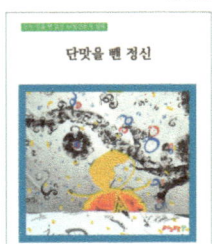

| 축제의 길 전 5권　　| 왕의 길 전 5권　　| 자유롭게 전 5권　　| 치유의 몫 전 5권　　| 가치있는 삶 전 5권

기념품 판매

민소매·티셔츠·맨투맨·몽이망토담요·후드집업·몽이가방·조끼·셔츠

꿈몽이들의 고향 전 5권	내 인생의 월드컵 전 5권	M통찰 2단계 1차 전 2권	몽이들의 빛 전 5권	내 인생의 월드컵 전 5권

경영인 전 11권	꿈 분석가 전 10권	오늘의 마음 날씨 전 5권	해와 달 전 5권	뇌 기능 운동 전 5권
				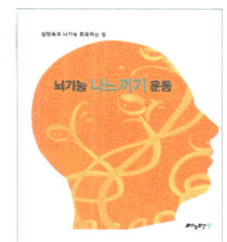
아플 때 쉬어가는 나 전 8권	아플 때 만난 나 전 5권	아름다운 길 전 5권	M통찰 1단계 전 3권	황금빛 용
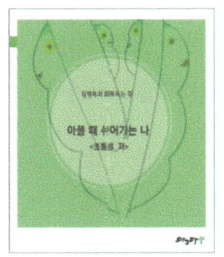				
망토몽이 전 5권	두통없이 개운한 날 전 5권	정신소독 전 5권	여의주 전 5권	꿈출항 전 5권

깊어질 때 편안함 전 5권	그대로 좋아 전 5권	숲과 도시 전 5권	자율통합 전 5권	영혼몽이 전 5권
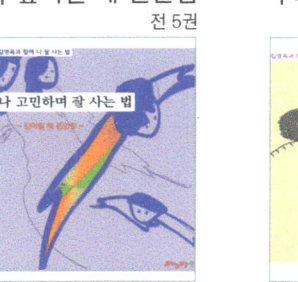				

마그마숲 M심리지원단 전국치유와 희망으로 달린다

김영옥심리체험박물관

김영옥과 함께 여는 원형 만다라
나의 안정과 조화로운 몽이세상_움직이는 안정

발행일	2024년 2월 23일
지은이	(사) 만다라미술심리연구원
기획·연구	마그마숲, 몽이세상, 마그마숲과 창
펴낸곳	제1~2관 인간탐색관 : 경기도 포천시 영북면 문암길24
	제3~4관 정신탐색관 : 포천시 신북면 청신로2084
	TEL : 031) 533-1707 FAX : 031)532-1706
이메일	magmasup@naver.com
홈페이지	http://www.magmasup.com (본사)
	http://www.mgmskm.com (국민학습지)

- 서울 사)간다라미술심리연구원
- 서울 마그마숲
- 포천 영북면 문암길24 몽이세상
- 포천 신북면 청신로2084
- 주)김영옥심리체험박물관
- M전시관 회원전
- 매달 워크샵 진행

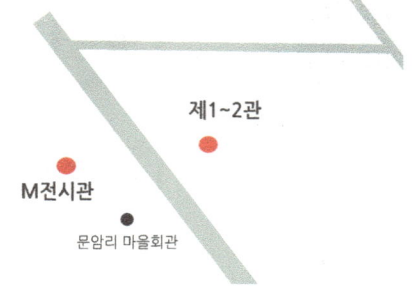

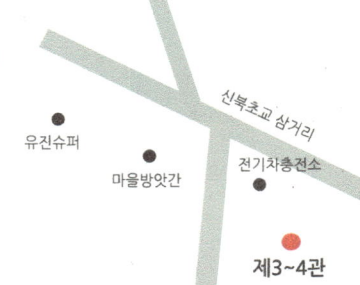

제1~2관 : 포천 영북면 문암길24 몽이세상   제3~4관 : 포천 신북면 청신로 2084

값 12,000원

ISBN 979-11-6332-954-1
ISBN 979-11-6332-951-0 (세트)

이 책을 불법 복제시 저작권법에 따라 처벌 대상이 됩니다.